Cŵn

Emma Helbrough
Dyluniwyd gan Josephine Thompson

Lluniau gan Patrizia Donaera ac Uwe Mayer
Ymgynghorydd Cŵn: Emma Milne
Addasiad Cymraeg: Elin Meek

Cynnwys

3 Gwahanol gŵn
4 Cŵn bach
6 Amser chwarae
8 Yn yr haid
10 Gwarchod
12 Sut mae cŵn yn siarad
14 Cloddio
16 Cŵn gwyllt
18 Ffroeni a synhwyro
20 Chwilio ac achub
22 Helpu pobl
24 Cŵn defaid
26 Cŵn slediau
28 Teuluoedd cŵn
30 Geirfa cŵn
31 Gwefannau diddorol
32 Mynegai

Gwahanol gŵn

Mae cŵn o bob lliw a llun. Mae rhai cŵn yn fawr iawn, ond mae cŵn eraill yn fach, fach. Mae gan gŵn flew hir neu flew byr.

Dalmatiad yw'r ci smotiog hwn.

Cŵn bach

Fel arfer mae'r fam yn cael rhwng chwech a deg o gŵn bach. Maen nhw'n cysgu'n agos at ei gilydd i gadw'n gynnes.

Torllwyth yw'r enw ar griw o gŵn bach.

Mae cŵn bach yn dechrau cerdded ar ôl dwy wythnos. Maen nhw'n hoffi chwilota wrth dyfu.

Mae dannedd cyntaf cŵn bach yn tyfu ar ôl tair wythnos. Nawr maen nhw'n dechrau bwyta bwyd solet.

Ar ôl pedwar mis maen nhw'n tyfu dannedd oedolyn. Maen nhw'n hoffi cnoi pethau.

Amser chwarae

Mae cŵn bach yn dechrau chwarae gyda'i gilydd pan fyddan nhw tua thair wythnos oed.

Maen nhw'n hoffi chwarae ymladd a neidio ar ben ei gilydd i ddangos pwy yw'r cryfaf.

Mae cŵn yn aml yn rhedeg ar ôl ei gilydd. Maen nhw'n cymryd tro i fod ar y blaen.

Mae rhai cŵn yn byw'n wyllt. Cŵn gwyllt yw bleiddiaid a dyma'u cenawon yn chwarae'n braf.

Mae cŵn bach anwes yn rhedeg ar ôl pethau am hwyl.

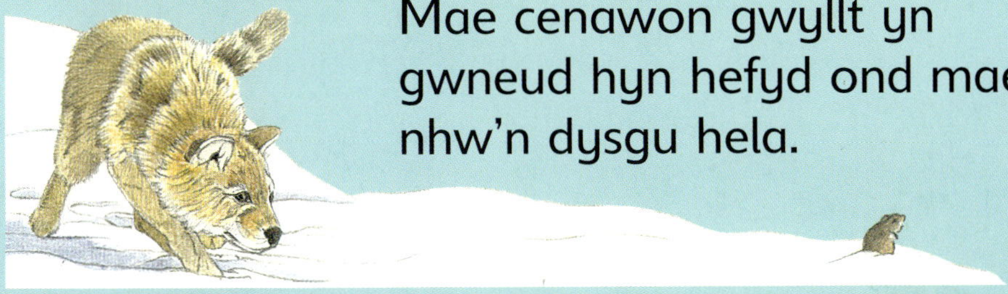

Mae cenawon gwyllt yn gwneud hyn hefyd ond maen nhw'n dysgu hela.

Yn yr haid

Mae cŵn yn hoffi bod gyda phobl neu gŵn eraill.

Mae bleiddiaid yn byw mewn grwpiau o'r enw heidiau.

Mae hyd at un deg pump o fleiddiaid yn gallu byw mewn haid. Mae un blaidd yn arweinydd yr haid a'r bleiddiaid eraill yn ufudd iddo.

Mae cŵn anwes yn meddwl mai eu perchennog yw eu harweinydd.

Mae ci yn cyfarch arweinydd yr haid drwy lyfu ei wyneb.

Wedyn mae e'n gorwedd ar ei gefn i ddangos ei fod yn gwybod pwy yw'r bòs.

Mae cŵn bach yn hoff o chwarae.

Mae un o'r cŵn bach bob amser yn arwain y lleill, fel arweinydd yr haid.

Gwarchod

Yr enw ar gartref ci a'r ardal o'i gwmpas yw tiriogaeth.

Mae cŵn yn meddwl eu bod nhw'n berchen ar eu tiriogaeth, felly maen nhw'n ei gwarchod hi.

Maen nhw'n cyfarth pan fydd pobl ddieithr yn dod yn agos.

Cŵn Basenj yw'r unig gŵn sy'n methu cyfarth.

Mae cŵn yn gwlychu o gwmpas eu tiriogaeth i adael eu harogl yno.

Pan fydd ci'n ffroeni rhyw fan mae e'n gwybod os yw ci arall yn berchen arno.

Mae cŵn yn ceisio dwyn tiriogaeth ei gilydd.

Mae ci'n ffroeni postyn lle mae ci arall wedi bod.

Yna mae e'n gwlychu'r postyn i guddio arogl y ci arall.

Sut mae cŵn yn siarad

Mae cŵn yn gwneud llawer o synau ond maen nhw'n defnyddio'r wyneb a'r corff i ddangos sut maen nhw'n teimlo hefyd.

Mae ci'n siglo ei gynffon pan fydd yn hapus neu'n gyffrous.

Mae'n chwyrnu ac yn dangos ei ddannedd pan fydd yn grac.

Mae'n codi ei glustiau os oes rhywbeth diddorol yno.

Mae ei gynffon rhwng ei goesau os yw'n credu ei fod mewn helynt.

Mae rhai cŵn yn udo os ydyn nhw heb gwmni. Maen nhw'n galw ar eu perchennog.

Mae'r ci hwn eisiau chwarae. Mae e wedi rhoi ei goesau blaen i lawr a'i ben ôl yn yr awyr.

Bwa chwarae yw'r enw ar hyn.

Cloddio

Mae cŵn yn hoffi cloddio am hwyl ond maen nhw'n cloddio am lawer o resymau eraill hefyd.

Mae mam cŵn gwyllt yn cloddio twll dwfn yn y ddaear.

Ffau yw'r enw ar y twll. Mae hi'n cropian i mewn i gael ei chenawon.

Mae'r cenawon yn byw yn y ffau pan fyddan nhw'n fach iawn.

Ar ddiwrnod poeth, mae rhai cŵn yn cloddio twll yn y ddaear.

Yna maen nhw'n gorwedd yn y twll achos ei bod hi'n oerach yno.

Mae cŵn yn hoffi claddu eu teganau i'w cadw nhw'n saff. Pan fyddan nhw eisiau chwarae maen nhw'n eu cloddio nhw o'r ddaear.

Cŵn gwyllt

Mae cŵn gwyllt yn hela am fwyd mewn heidiau. Mae'r cenawon yn aros yn y ffau.

Mae'r cenawon cŵn gwyllt Affricanaidd yma'n aros i'r haid ddod 'nôl o hela.

Mae cŵn gwyllt Affricanaidd yn byw mewn mannau poeth, felly maen nhw'n treulio'r rhan fwyaf o'r dydd yn gorffwys yn y cysgod.

Wrth hela, mae haid o gŵn gwyllt Affricanaidd yn sleifio at griw o sebras.

Mae'r sebra'n gwasgaru wrth weld y cŵn. Mae'r cŵn yn dechrau hela un o'r sebras.

Pan fydd y sebra wedi blino, mae'r cŵn yn cydio ynddo fe ac yn dod at ei gilydd i'w fwyta.

Ffroeni a synhwyro

Mae gan gŵn synnwyr arogli anhygoel. Maen nhw'n gallu dweud mwy am rywbeth wrth ei arogli nag wrth ei weld.

Mae cŵn yn ffroeni ei gilydd pan fyddan nhw'n cwrdd.

Wrth ffroeni, maen nhw'n gallu dweud pa mor hen yw ci arall ac os yw'n wryw neu'n fenyw.

Ar ôl i gi gael baddon, mae ei flew'n arogli'n wahanol.

Felly mae'n rholio mewn pethau drewllyd i guddio'r arogl.

Mae cŵn yn symud eu trwynau wrth synhwyro i gael gwell arogl.

Gwaetgwn sydd â'r synnwyr arogli gorau. Mae ei synnwyr fil o weithiau'n well nac unrhyw berson.

Chwilio ac achub

Mae cŵn yn defnyddio'u synnwyr arogli da i helpu pobl i ddod o hyd i bethau a phobl eraill.

Mewn meysydd awyr mae cŵn sydd wedi'u hyfforddi i ffroeni bagiau pobl.

Maen nhw'n dod o hyd i bethau dydy pobl ddim yn cael mynd â nhw ar awyrennau, fel anifeiliaid ac arfau.

Ar ôl daeargryn mae cŵn yn helpu timau achub i chwilio drwy'r rwbel.

Mae timau achub yn defnyddio cŵn i ddod o hyd i bobl sydd ar goll ar y mynyddoedd.

Mae ci'n gallu arogli os yw rhywun wedi'i ddal o dan yr eira.

Mae'n cyfarth ar ôl dod o hyd i rywun ac mae'r tîm yn ei achub.

Helpu pobl

Mae rhai cŵn yn cael eu hyfforddi i helpu pobl sy'n methu clywed neu weld yn dda iawn.

Mae cŵn clywed yn dweud wrth eu perchennog os ydyn nhw'n clywed sŵn, fel cloc larwm.

Mae'r ci'n cyffwrdd â'i berchennog â'i bawen pan fydd yn clywed sŵn.

Os yw'r ci'n clywed larwm mwg, mae'n gorwedd i ddangos bod perygl.

Os yw'r ci'n clywed cloch y drws, mae'n arwain ei berchennog at y drws.

Mae cŵn tywys yn helpu pobl na all weld yn dda i deithio'n ddiogel.

Mae'r cŵn yn cael eu hyfforddi i arwain eu perchennog o gwmpas pethau.

Maen nhw'n dysgu aros ar ymyl ffordd hyd nes y bydd hi'n ddiogel i groesi.

Cŵn defaid

Mae ffermwyr yn defnyddio cŵn i gasglu defaid mewn caeau.

Mae cŵn defaid yn cael eu bridio'n arbennig i wneud y gwaith.

Bydd y ci bach hwn yn dechrau hyfforddi i fod yn gi defaid pan fydd yn chwe mis oed.

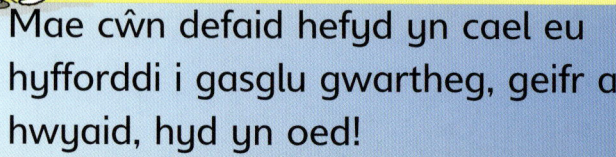

Mae cŵn defaid hefyd yn cael eu hyfforddi i gasglu gwartheg, geifr a hwyaid, hyd yn oed!

Mae'r ffermwr yn defnyddio chwiban ac yn gweiddi ar y ci defaid.

Mae'r ci defaid yn mynd gan bwyll bach y tu ôl i'r defaid ac yn eu danfon nhw i'r gorlan.

Os bydd dafad yn crwydro, bydd y ci defaid yn rhedeg draw i'w danfon 'nôl eto.

Cŵn slediau

Mae timau o gŵn yn tynnu slediau dros yr eira.
Mae rhai pobl yn teithio arnyn nhw.
Mae pobl eraill yn rasio am hwyl.

Mae pob ci'n gwisgo harnais sy'n bachu wrth dennyn hir.

Yna mae'r tennyn yn cael ei roi wrth flaen y sled.

Mae dyn o'r enw 'musher' yn gyrru'r sled.

Mae cŵn slediau'n llwgu ar ôl rhedeg ras. Maen nhw'n bwyta chwe gwaith yn fwy na chŵn anwes.

Yn aml, mae'r cŵn yn gwisgo sanau fel nad yw'r eira'n gwneud niwed i'w pawennau.

Mae'r 'musher' yn gweiddi 'heic' neu 'i ffwrdd â ni' i gael y cŵn i ddechrau.

Teuluoedd cŵn

Os yw'r fam a'r tad yn edrych yn union yr un fath, bydd y cŵn bach yn edrych yr un fath hefyd. Cŵn o frîd yw'r enw arnyn nhw.

Bydd y cŵn defaid Seisnig bach yma'n tyfu i edrych yn union fel eu rhieni.

Os nad yw'r fam a'r tad yn edrych yr un fath . . .

. . . bydd y cŵn bach yn edrych fel cymysgedd o'r ddau.

Cŵn cymysgryw neu fwngrel yw'r enw ar gŵn sy'n gymysgedd o wahanol fathau.

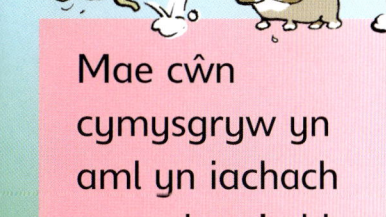

Mae cŵn cymysgryw yn aml yn iachach ac yn byw'n hirach na chŵn o frîd.

Geirfa cŵn

Dyma rai o'r geiriau yn y llyfr hwn sy'n newydd i ti, efallai. Mae'r dudalen hon yn rhoi'r ystyr i ti.

 cenawon – gair arall am gŵn bach yn enwedig cŵn bach gwyllt.

 haid – nifer o gŵn gyda'i gilydd. Mae cŵn gwyllt yn byw mewn heidiau.

 arweinydd yr haid – y ci sy'n ben ar yr holl gŵn eraill mewn haid.

 tiriogaeth – y man lle mae ci'n byw. Mae cŵn yn gwarchod eu tiriogaeth.

 ffau – y man lle mae cenawon yn cael eu geni a'u cartref pan fyddan nhw'n fach.

 harnais – strap arbennig y mae ci'n ei wisgo weithiau.

 ci defaid – ci sy'n cael ei hyfforddi i gasglu defaid.

Gwefannau diddorol

Os wyt ti'n gallu mynd at gyfrifiadur, mae llawer o bethau am gŵn ar y Rhyngrwyd. Ar Wefan 'Quicklinks' Usborne mae dolenni i bedair gwefan hwyliog.

Gwefan 1 – Dysgu sut i dynnu llun ci bach.

Gwefan 2 – Gwneud masgiau, cardiau a phypedau cŵn.

Gwefan 3 – Argraffu lluniau o wahanol fathau o gŵn i'w llenwi.

Gwefan 4 – Dysgu rhagor am gŵn.

I ymweld â'r gwefannau hyn, cer i
www.usborne-quicklinks.com.
Darllena ganllawiau diogelwch y Rhyngrwyd, ac yna teipia'r geiriau allweddol "beginners dogs".

Caiff y gwefannau hyn eu hadolygu'n gyson a chaiff y dolenni yn 'Usborne Quicklinks' eu diweddaru. Fodd bynnag, nid yw Usborne Publishing yn gyfrifol, ac nid yw chwaith yn derbyn atebolrwydd, am gynnwys neu argaeledd unrhyw wefan ac eithrio'i wefan ei hun. Rydym yn argymell i chi oruchwylio plant pan fyddant ar y Rhyngrwyd.

Mynegai

arweinydd yr haid, 8, 9, 30
baddonau, 19
bleiddiaid, 7, 8
bwyta, 5, 17, 27
cenawon, 7, 14, 16, 30
cerdded, 4
cloddio, 14-15
cŵn achub, 20-21
cŵn bach, 4-5, 6, 9, 24, 28, 29, 30
cŵn clywed, 22
cŵn defaid, 24-25, 28, 30
cŵn gwyllt Affricanaidd, 16-17
cŵn gwyllt, 7, 14, 16-17
cŵn slediau, 26-27
cŵn tywys, 23
cyfarth, 10
cysgu, 4
chwarae, 6-7, 13, 15
ffau, 14, 16, 30
ffroeni, 11, 18-19, 20, 21
gwarchod, 10
haid, 8-9, 16, 17, 30
hela, 7, 16, 17
tiriogaeth, 10-11, 30
udo, 13

Cydnabyddiaeth

Gyda diolch i John Russell

Lluniau

Mae'r cyhoeddwyr yn ddiolchgar i'r canlynol am yr hawl i atgynhyrchu eu deunydd:
ⓗ **Africa Imagery**: 16 (Roger de la Harpe); ⓗ **Ardea**: 11, 24 (John Daniels); ⓗ **Frank Lane Pictures Agency**: 8 (Tim Fitzharris/Minden Pictures), 23 (Klein/Hubert/FotoNatura); ⓗ **Getty Images**: cover (Martin Harvey), 29 (Patricia Doyle), 1 (Gary Randall), 2-3 (Geoff du Feu), 19 (Dag Sundberg); ⓗ **ImageState**: 28; ⓗ **Leeson Photos**: (Tom & Pat Leeson); ⓗ **NHPA**: 4 (E.A. Janes), 9 (Henry Ausloos); ⓗ **Powerstock**: 21 (Bob Winsett/Index Stock Imagery); ⓗ **Richard Schiller**: 26-27; ⓗ **Warren Photographic**: 10, 18, 31 (Jane Burton); 13 (Kim Taylor); ⓗ **Workbookstock**: 15 (Lori Adamski-Peek).

Cyhoeddwyd gyda chefnogaeth Llywodraeth Cynulliad Cymru.

Cyhoeddwyd gyntaf yn 2003 gan Usborne Pubishing Ltd., Usborne House, 83-85 Saffron Hill, Llundain EC1N 8RT
Cyhoeddwyd gyntaf yng Nghymru yn 2010 gan Wasg Gomer, Llandysul, Ceredigion, SA44 4JL.
www.gomer.co.uk
Cedwir pob hawl. Argraffwyd yn China.

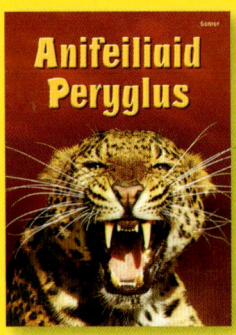

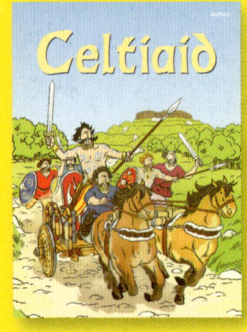
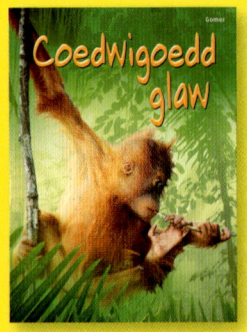

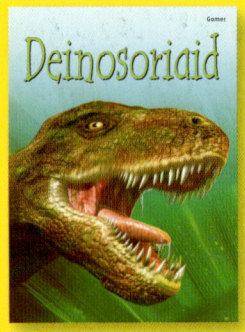
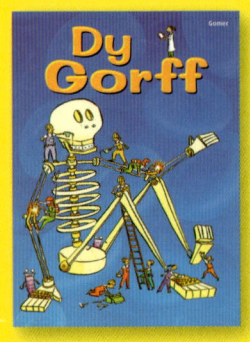
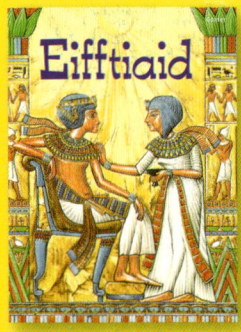